JN408963

나의 기도문

나의 기도문

진화와 혁명에 대한 성찰

My Prayer : Reflections on Evolution and Revolution

황두승 제2시집

도서출판 천우

● 제2시집을 내면서

저를 기억해 주시는 모든 분들께 감사드린다.
은둔과 침묵의 미학을 반추하며
다음의 두 기도문으로 서발(序跋)을 갈음한다.

말없이 사랑하여라 내가 한 것처럼 아무 말 말고
자주 겉으로 드러나지 않게 잠자코 사랑하여라
사랑이 깊고 참된 것이 되도록 말없이 사랑하여라
아무도 모르게 숨어서 봉사하고 눈에 드러나지 않게
좋은 일을 하여라
그리고 침묵하는 법을 배워라
말없이 사랑하여라 꾸지람을 듣더라도 변명하지 말고
마음 상하는 이야기에도 말대꾸하지 말고,
말없이 사랑하는 법을 배워라
네 마음을 사랑이 다스리는 왕국이 되도록 하여라
그 왕국을 타인에 대한 자상한 마음으로 채우고
말없이 사랑하는 법을 배워라
사람이 너를 가까이하지 않고 오히려 멀리 떼어버려
따돌림을 받을 때, 말없이 사랑하여라
도움을 주고 싶어도 받아들이려 하지 않는 사람들을 위해
기도하여라
오해를 받을 때 말없이 사랑하여라
사랑이 무시당하는 것을 참으면서……
슬플 때 말없이 사랑하는 법을 배워라
주위에 기쁨을 흩뿌리며 사람의 행복을 더해주도록

마음을 써라
인간의 말이나 태도로 인해 초조해지거든
말없이 사랑하여라
마음 저 밑바다에 스며든 괴로움을 인내롭게 바쳐라
네 침묵 속에 원한이나 인내롭지 못한 마음,
또는 심한 비판이 끼어들지 못하도록 하여라
언제나 형제를 존중하고 소중히 여기도록 마음을 써라

— J. 갈로의 〈사랑의 기도문〉 중에서

나를 그 어느 누구의 원수가 되지 않게 하소서
영원하신 분 그리고 오래도록 머무는 자의
벗이 되게 하소서
내게 가까이 있는 사람들과 결코 다투지 않게 하소서
다툼이 있을 때는 내가 서둘러 화해하게 하소서
어떤 사람에게서나 허물을 찾지 않게 하소서
누가 나를 거슬러 허물을 찾으면 다치기 전에
내가 피하여 나로 하여금 그를 해치지 말게 하소서
오로지 선한 것만을 사랑하고 찾아 얻게 하소서
모든 사람들의 행복을 바라고
어느 누구도 부러워하지 않게 하소서
나에게 잘못한 이의 불운을 결코 즐기지 말게 하소서
내가 그릇된 일을 했거나 설혹 입에 담았을 때는
누구 있어 꾸짖어 주기를 기다리지 말고

내가 나를 고칠 때까지 언제나 스스로를 꾸짖게 하소서
나를 반대하는 사람에게도 나에게도 모두 해를 미치는
그러한 승리를 얻지 않게 하소서
서로가 서로에게 격분하는 벗들을
내가 화해시키게 하소서
나의 힘이 닿는 데까지 내 이웃들에게
가난한 모든 사람들에게
필요한 모든 도움을 주게 하소서
나의 이웃을 위험에 빠지지 않게 하소서
슬픔에 싸여 있는 사람들을 찾아가 온화하고 치유하는
말씀으로 그들의 고통을 어루만지게 하소서
내가 스스로를 존중하여 내 속에서 끓어오르는 분노를
언제나 다스릴 수 있도록 하소서
스스로를 온화하게 길들여 어떤 처지에서나
분노하지 않게 하소서
누가 악한 사람인가를 그가 해온 악한 일들을
말하지 않게 하소서
나로 하여금 오직 선한 사람만을 알아 그분들의 발자취를
따르게 하소서

— 에우세비우스의 기도문 〈서둘러 화해하게 하소서〉

2010년 4월
황 두 승

잠든 시의 영혼을 일깨우는 천상의 노래

송인준

(전)헌법재판소 재판관, 법무법인 에이펙스(Apex) 고문변호사, 시인

봄의 따뜻한 햇살과 온순한 바람이 온 산하를 다독이고 있다. 이 순수의 계절에 언제나 시를 향한 열정을 잃지 않고, 늘 가슴에 시혼을 품고 사는 황두승 시인의 두 번째 시집을 맞는 일은 더할 나위 없이 기쁜 일이다.

그의 첫 시집 축사에서 나는 황두승 시인의 시편들을 가리켜 "그만의 맑고 투명한 시적 영혼을 가지고 덤불 가득한 세속에서 건져 올린 반짝이는 시들"이라고 이미 말한 바 있다. 그리고 이번 시집을 다시 일독하면서 나는 그의 그러한 투명한 서정성이 봄꽃처럼 만개하였음을 다시 한 번 목격할 수 있었다. 살기 외롭고 괴로운 일상의 쳇바퀴 안에서 무디고 잠든 의식을 일깨워 새롭게 비상하는 날개짓이야말로 우리네 인간의 존귀함을 지키는 일이라고 나는 생각한다. 『나의 기도문 —진화와 혁명에 대한 성찰』이라는 제하의 이번 시집은 바로 이러한 근원적 문제를 난

타하는 주제의식이 강하게 드러난다. 그래서 내 봄날은 찬란하고 행복하다. 그의 시집과 함께하는 봄날의 하루가 참으로 짧고 아쉽다.

황두승 시인은 헌법 연구관을 업으로 하면서도, 그 이성의 테두리 안에 안착하지 않고 그 이성의 테두리 밖에서 자신만의 감성의 동그라미들을 만들어가고 있다.

그 감성의 테두리에서 바라본 이성의 테두리가 낯설고 놀랍기도 하며, 그 이성의 테두리 안에서 바라본 감성의 테두리가 또한 경이롭기 그지없음은 나만의 생각은 아니라고 믿는다.

한 시인의 시적 완성도는 그가 살아온 인생과 전혀 무관하지 않다. 헌법재판실무를 다루는 지극히 이성적인 헌법 연구관이면서도 지천명의 나이에 그는 누구도 흉내 낼 수 없는 그만의 영혼이 깃든 시의 집을 지어 올렸다. 삶을 향한 열정과 시를 향한 애정! 황두승 시인은 그 어느 것 하나도 도외시하지 않는다. 그런 그의 삶의 자세가 오늘날 그의 시세계를 감싸는 빛이 되었을 것이라고 확신한다.

황두승 시인의 시집 출간을 진심으로 축하하며, 앞으로도 늘 세상을 있는 그대로 보듬으며 본질을 직관하는 혜안으로, 잠든 시의 영혼을 일깨우는 천상의 노래가 되고, 시인이 절규한 수많은 언어들이 마침내 생활 속에 녹아 진정한 시의 힘이 되기를 진심으로 바란다.

지혜와 꿈의 연금술사

金天雨
(사)세계문인협회 이사장, 월간『문학세계』· 계간『시세계』발행인, 시인

춘삼월 꽃눈 내리는 아름다운 계절에 서정과 낭만으로 다듬어진 황두승 시인의 두 번째 시집『나의 기도문』을 읽으며 묵도했다. 겨우내 토실토실하게 영글어 놓았던 황두승 시인의 풍요롭고 넉넉한 시심(詩心)의 영혼이 경이로웠다.

그의 첫 번째 시집『혁명가들에게 고함』은 개성 있는 판타지아로 심도 있는 메시지와 이슈를 세상에 던져주었다. '진화와 혁명에 대한 성찰'이라는 슬로건으로 시와 혁명의 숭고한 정신세계를 접목시킨 그의 시상은 신비롭고 놀라웠다. 그는 자신의 시를 통해 이 세상을 살아가는 그만의 사명이 있음을, 그 확고한 시세계를 독자들에게 강렬하게 보여주었다.

시심은 천심이고 민심이라고 했던가. 그 시의 근본적인 사상을 되새김질하며 황두승 시인은 밝고 빛나는 사회를

구현하는 중요한 징검다리로 시를 사랑하고 있었다. 감성과 이상과 꿈을 지향하는 시인의 깊고 넓은 사유의 언덕을 달려보면서 얼마나 감격스러웠는지 모른다.

이번 황두승 시인의 두 번째 시집에서는 '대자연의 냄새' 가 난다. 하늘을 향해 묵묵히 자신을 조아리고 있는 순교자와 순례자의 화두처럼 잠언과 묵상으로 이어지는 이 명상 시집 『나의 기도문』은 종교를 넘어서 예술의 극치를 달관하며 절대 신의 영토에서 기름진 옥토를 만들어가는 매개체 역할을 한다. 그 누구도 흉내 낼 수 없는 메시아적인 작품들이라 하겠다. 그에게 '지혜와 꿈의 연금술사' 라는 칭호를 부여해주고 싶다.

황두승 시인의 이번 시집은 영원으로 질주하는 명마처럼 삼천리 방방곡곡에 신화처럼 남을 것이다. 앞으로도 사회의 큰 구심점이 되어서 갈증 나는 세상에 생명수를 부어주는 산소 같은 언어의 연금술가 되어 독자들에게 행복한 사랑의 향기를 불어주었으면 한다.

다시 한 번, 법학도이면서도 서정을 노래하고 생의 찬가를 선두지휘하는 황두승 시인의 두 번째 시집 상재를 진심으로 축하하며, 한국 문단의 큰 별이 되기를 진심으로 기원한다. 끝으로 독자들의 필독을 권하는 바이며, 황두승 시인의 주옥같은 시편들 중에서 가슴으로 읽혀지는 시 한 편을 소개한다.

슬퍼하지 마라! / 이 땅의 억울한 원혼들에 대해 / 어떻게 슬퍼할 거냐 / 눈물을 흘리지 마라! / 이 땅에 살아 있는 이의 업보를 / 어떻게 감당할 거냐 / 금강석이 잿가루 되도록 / 너 자신을 혁명하라! / 그래도 슬퍼하거늘 / 진혼의 향을 피워 올려라 / 세월도 슬퍼하거늘 / 진혼곡을 침묵으로 불러라 / 그래도 진정 슬퍼하거늘 / 슬픔을 느낄 수 있는 / 모든 영혼의 여력을 떨쳐 / 이 땅의 산천초목에게 선포하라! / 저 하늘의 일월성신에게 선포하라! / "세상의 평화를 주소서" / 혁명의 기도를 올려라! / 혁명은 위령의 축제이어라! / 혁명은 또 다른 순교의 축제이어라! (「진혼제」 전문)

『나의 기도문 –진화와 혁명에 대한 성찰』에 부쳐

이시환

『동방문학』 발행인, 문학평론가, 시인

황두승 시인은, 2005년 월간 『문학세계』의 시 부문 신인상을 수상함으로써 우리 시단(詩壇)에 소개된 분으로, 같은 해에 『혁명가들에게 고함』이라는, 다소 생소한 첫 시집을 펴냈었다. 그런데 그로부터 5년이 지난 지금 두 번째 시집을 펴내고자 약 60여 편의 작품을 가편집해 놓고 있으되, 그의 제목을 『나의 기도문 –진화와 혁명에 대한 성찰』이라 했다.

이미 그의 첫 시집과 두 번째 시집의 가제본을 일독한 터이지만, 시인의 정신적 지향의 핵(核)을 설명하기란 쉽지가 않다. 지금껏 게으름을 피우지 않고 시를 써오긴 했지만, 워낙 타고난 소질이 미천하기에 시인의 작품들을 읽고 또 읽어야만 했다.

그런 나의 흐린 눈에는 두 개의 기둥이 보인다. 그 기둥은 분명, 인간 삶을 통시적으로 바라보는 그의 눈[眼]이자 바람[願]이자 자신의 삶의 태도이고 그 결과이기를 원하는 그의 소신임에 틀림없다. 곧, 그 하나는 생활 속에서 '혁명(革命)' 하는 태도와 노력이고, 그 다른 하나는 '순례(巡禮)' 보다는 '순교(殉敎)' 를 지향하는 노력이다.

그렇다면, '혁명' 이라는 시어(詩語)의 의미와, '순례' 와 '순교' 의 차이를 분명하게 이해하는 것이야말로 그의 정신적 지향의 핵심을 이해함이며, 동시에 그의 시작품들 속에 녹아든 정서(情緖)를 이해하는 실마리가 될 줄로 믿는다.

다시 그렇다면, 시인이 시작품 속에서 말하는 혁명이란 과연 무엇일까?

시인 스스로가 밝혔듯이, '평범한 일상 속에서도 풍부한 상상력을 바탕으로 기존의 타성으로부터 벗어나 달리 생각하는(첫 시집을 내면서)' 시각(視角)과 발상(發想)의 전환이 혁명인 것이다. 그렇다고 대상을 바라보는 시각의 전환만 있다 해서 다 혁명인가? 발상의 전환만 있다 해서 또 혁명인가? 물론, 그렇지는 않다. 그것은 '일탈(逸脫)이 아니라 정통(正統)을 추구하기 위한 코페르니쿠스적 전환(첫 시집을 내면서)' 이라는 단서가 붙은 혁명인 것이다. 간단히 말하면, 발전적인 결과를 낳는 전환이고, 진리에 다가서는 발걸음으로서의 노력인 셈이다. 이쯤 되면, 시인이 말하는 혁명이 무엇인지 충분히 이해됐으리라 믿는다.

그리고 순례와 순교의 차이는 어디에 있는 것일까?

순례는 마음만 먹으면 누구나 할 수 있지만, 순교는 마음을 먹는다 해서 다 실행되는 것이 아니다. 순례는 노력하면 어렵지 않게 실행에 옮길 수 있지만, 순교는 노력한다 해서 되는 게 아니라 결단이 요구되고, 그 결단을 내리려면 절대적 신뢰[믿음]와 용기와 대의(大義)를 위한 자기희생정신이 전제되어야만 한다. 그래서 순례자는 많아도 순교자는 적을 수밖에 없다. 마치, 살신성인(殺身成仁)하자는 소리는 많아도 그것을 실행에 옮긴 사람은 적듯이 말이다. 시인은 순례자와 순교자가 다름을 분명하게 인지하고 있고, 그것을 강조하고 있다.

나는 믿는다. 시인이 말한 '적멸의 씨앗' 이 움터 자라나면, 시나무의 줄기와 가지가 무성해져서 그 그늘도 짙고, 그 열매도 풍성해지리라고 말이다. 너른 호남평야 끝자락에서 지평선을 바라보며 유년의 꿈을 키워온 황두승 시인의 두 번째 시집 상재(上梓)를 마음으로부터 축하하며, 법학자가 아닌 시인으로서도 큰 성취가 있기를 바라마지 않는다.

제1부

슬픔은 진화를 계속 중

제2부

관조의 문법

제1부

슬픔은 진화를 계속 중

상처

그해 겨울은 유난히 추웠었네.
인동의 봄동이 주는 아삭아삭한 신선함으로
인고의 상처를 꿰맨 실밥을 뽑아 낼 때,
싱그런 봄비에, 건강한 봄볕에
시리고 에인 상처를 잊었네.

그해 겨울은 유난히 추웠었네.
애벌레의 꿈이 슬픈 상흔이 되도록
살을 녹여 은둔의 실을 뽑아 낼 때,
그 비상의 의지가 차곡차곡 고치에 묻혀 있어도
겨울의 껍질을 박차고 나올 용기가 부족했네.

새로운 개벽의 봄날에
이름없는 꽃들에게도
의미 있는 꽃말들이 깃발 되어
향기로운 체취로
무지개 다리 놓여지노니,
상처받은 사람들과 더 상처받은 사람들 모두에게
축복의 대화를 나눌 사랑의 천사,
나비의 비상은 살가운 혁명이어라!

立春에 대하여

지난 가을 당신께서 손수 디자인한
형형색색의 편지지는 아름다운 침묵이었으리라.
그 행간의 여백은 허공의 무게를 감당하고
사라지는 모든 것은 또 다른 쉼일 뿐이어라.
함박눈에 깃든 눈물 알갱이들은
마침내 새봄의 아지랑이로 피어오르리라.
그 겨울의 울먹임은 만가(挽歌) 되어
세모 같은 새싹을 돋우리라.
세모의 뾰족함으로 슬픔을 다듬다 보면
푸르러 푸르러 네모가 될 테고,
모든 상흔은 봄바람으로 산화되리라.
그 네모가 그리움을 달래다 보면
향기로운 동그라미가 되는 간절함으로
추슬러 추슬러 한 떨기 꽃을 피우리라.
이제 모과나무에 움트는
새로운 합창곡의 장중한 색깔처럼
새봄은 거듭남의 왕국을 건립하는 것이리라.
더 이상 애달플 수도 없는 상서로운 혁명이어라!

순교자와 순례자

봄 같지 않은 봄이
3월을 찡그린 얼굴로 보낼 때,
외로운 순례자,
방황의 발길이 무겁다.

천사의 나팔꽃이
꽃샘추위로 얼어버린 봄날에
진달래꽃은 온몸으로
연분홍 미소를 띄운다.

순교자는 그리움으로 자비를 만들고
새봄을 개벽하는데,
흐느적거리는 순례자여,
어설프게 취한 흥취로 눈물짓지 마라!

순례자여, 오로지 기도할 뿐이라고,
찬란한 슬픔을 외면하지 마라!
은총은 기대하는 것이 아니라
생명의 빛을 열리게 하는 것이려니,
이 찌푸린 봄날에도
꽃들이 흐드러지게 피는 까닭이리라!

느티나무의 대화예찬

입으로, 눈빛으로,
미소로, 마음으로
말을 하는 것,
말을 많이 하는 것,
말을 하지 못하는 것,
말을 하지 않는 것,
귀촉도는 울음소리로
소나무는 푸른 빛깔로
바람은 몸부림으로
전하려고 하는 것,
말을 듣는 것,
말을 듣지 못하는 것,
말을 듣지 않는 것,
들어도 듣지 않는 것,
들어도 서로 달리 이해하는 것,
향기일 수도 있고
상처일 수도 있고
세상의 오묘한 대화이려니,
당신의 미소를 담을 수 있기 위해
얼마만큼 비워두어야 하나!
해맑은 연초록 느티나무 잎새에
흙비가 내리다.

어느 월남전 참전용사의 죽음

아들 하나, 딸 하나
사랑이 버거운 줄도 모르고
아비는 항상 쭈글쭈글 외로웠네.
사랑이 깊어지면 고독도 깊어지나
고독은 희망의 땔감
전쟁이 무언지 평화가 무언지 모르고
배고픔을 잊고자 소총을 잡고
월남의 전쟁터로 가는 배를 탔다네.
고독은 희망의 채소
중동의 사막 노동자로 비행기를 타고
자식을 위해 가정을 떠났다네.
찔레꽃 피는 작은 냇가 넘어
저 언덕배기 솔밭에는
할아버지 묘도 있고, 아버지 묘도 있는데
회갑의 나이를 잊으려 아주 떠났네.
부모님 무덤가에 눕지도 못하고
어릴 적 해당화 향기만이
한 줌의 재를 감싸고 있었네.
언제나 그리운 목소리 듣기 위해
언제나 그리운 발소리 듣기 위해
먼지 덮인 전화번호 바꾸지 않고,
막다른 골목길 독방주소 바꾸지 않은 채,

첫 추위가 위세를 부리던 입동날
그 아비 방랑의 여로 끝에
전해준 마지막 말,
“동상!” 가벼워진 무게로 기대며
“이제 더 이상 남아 있기 힘드네”.
고독의 텃밭을 배회하다 귀익은 바람 소리!
기다림은 지금도 사랑으로 남았네!

허드슨 강변에서

마천루 숲 속 아래
외로운 등대는 조지 워싱턴 다리 밑에서
자신의 일을 잃어버리고
옛날의 기억만 되뇌고 있었다.

나그네의 시선 안으로 강변에 오디 열매만 가득
보랏빛 입술 물들이고
강나루엔 온갖 배들의 향연을
갈매기가 애써 외면하면서
해당화가 그리움의 산책로 따라 도열하고 있었다.

사모곡처럼 들리는 울새의 지저귐을 멀리하나니
강바람이 낯짝을 때리고 있었다.
어느덧 두승산 너머에 떠 있던
저 보름달은 허드슨 강에도 가득 채워 있었다.
이방인의 고독을 달래줄 긴 의자에 발길 머무니
그 아래 물망초가 무더기로 피어 있었다.

허드슨 강변에 심어 놓은 조그만 손길마다
갸륵한 배려를 음미하면서도
눈시울 적시는 건
저 푸근한 달이 전하는
당신의 얼굴 때문이다.

백모송(伯母頌)

업보도 알 수 없는데
깜찍한 소녀는 종부(宗婦)가 되었네.
잘 생긴 그대
사랑하는 내 남편
오직 이 두 마디 말만
기억의 파편이 되었네.
사랑한다는 말도 남기지 않은 채

꽃다운 이십 대 홀로 밤 지새우며
독백으로 허공을 채우니
왜 그리 제사는 많나
농사일은 손길 닿는 곳마다
집안일은 시선 머무는 곳마다
어느새 사방에서 시어머니 호령 들리네.

온몸을 쑤시는 병마를 끌어안고
수발할 자식도 없어
죽어도 지아비 생각
버선발처럼 가볍게
장구춤에 가두어 버리네.

손을 잇지 못한 죄이려나

아흔 넘은 시어머니 굶겨 보낸 죄이려나
아흔을 넘지 못하고
말라버린 눈물이 이슬 되어
남편 무덤 위에 내리네.

화장터의 연기로
그리운 초라한 무덤가 잿가루로
저 은하수 너머 사랑을 찾아
남편의 흔적 따라 눈물흙으로
열녀라는 낱말이 퇴화하고 있었네.

초겨울의 유혹

첫눈이 내리던 날
나는 무언가를 잊으려 하는 듯
일상의 전화로 바람에게 말했다.
슬픔은 첫눈이 내려도
짐짓 온화한 웃음을 짓는 거라고

갑작스러운 초겨울 추위가 무거운 어깨를 올리고,
바지 깃 속으로 무릎을 시리게 할 때에도
지독한 외롬이 그리움 낳는다는 것을
잊고 또 잊으려 했다.

며칠이 지났을까
느닷없이 찾아온 저 보름달은
괴어 있던 괴롬을 소독하는가 했더니
황금빛 꿈으로,
두근거리는 맘으로,
그대를 "안단테 파보리"로 연주하고 싶은
아픔이 될 줄이야!
그대도 저 보름달 보는가!
그대는 달빛인가!

아름다운 만남

너의 탄생은 나를 기다렸나
너를 위해 내가 세상에 나왔나
은행나무도 발가벗고 극렬하게 시위하나니,
숙명은 너에게 가벼운 크리스마스 선물로
나를 주어버렸을지라도
너와 네가 걷고 있는 이 길은 아름다운 만남이었다.

하지만 나는 초롱초롱한 네 눈동자 안에서
두 겹의 체온으로 달군 다스한 네 품 안에서
허비적대며 안식을 찾아도,
천명은 언제나 나에게 무거운 짐으로
너의 고독만을 알린다.

비바람과 눈보라가 너를 성숙시켜도
나는 원초적으로 우리의 행복을 기대하지 않았다.
나는 항상 너를 사랑하고 있기에
왠지 사나이의 침묵은
나그네의 허무처럼 달콤하고
외로움마저 향기로웠다.

긴 여로
네 곁에 동반자

늘 푸른 백송도 너무 무기력하다.
모든 방랑자를 위하여
아름다운 만남의 한복판에 서서
사랑으로 눈물 지우니
매서운 칼바람도 부드럽게 속삭인다.
너와의 만남은
운명만큼 아름다운 까닭이라고!

기록되지 않은 詩 2

두엄자리에 핀
하얀 장미꽃 한 송이
건너편 외양간
여물 먹는 황소에게
향기를 보내나니
맑은 눈동자 껌벅이다.
안개 낀 성당 지붕 위
오렌지빛 태양이 걸리도록

추억의 올을 감아 쥐고
방황의 불씨를 지피면
이미 기록되지 않은 詩다.
아직 그리움으로 호흡하고 있으니까
고독한 겨울날에도
칼바람에 기대고 마는 나그네
항상 가슴 치는 고릴라처럼
통쾌한 바보다.

방황의 끝에 서서
한숨을 지우면
어느새 팔딱이는 숨소리
파릇파릇 이끼 낀 벼랑에 걸리도록

거친 바닷바람도
침묵의 나래 위에 살포시 내려 앉는다.

저 수평선 너머로부터
나그네를 껴안는 슬픔은
한 모금 가득
입안을 휘감는 하얀 포도주 빛깔보다
언제나 쌉쌀하다.

어릴 적 시골동네
아지랑이 솟아오르는 들판으로,
시냇가 너머로
강둑 길로 마구 뛰어놀던
벙어리 소녀,
젖가슴 마냥 부풀어 오르듯
아 슬픈 포에지여!
나그네 눈을 감겨 놓은
이 봄바람 속에도 서리어 있는가!

이별

태연하게 군중 속으로 소실점이 된다.

……

또 만날 날이 많겠죠.

……

귓전에 맴도는 말
창밖으로 겨울비 내리고
이내 눈발이 되어 날리네.

눈물을 보이지 않기 위해
허리 굽혀 구두끈 조여매고
상기된 표정 숨기기 위해
환하게 웃는 하얀 웃음 뒤로
소복소복 함박눈 쌓이네.

애써 맞은편 창가로 눈길을 옮긴다.

겨울산행

하염없이 오르기만 하다가도
육신은 제 몸마저 못 이겨 흐느적거리더라도
땀 냄새 가득 직각의 비탈에 서서도
안식은 있다.
그것은 귀소의 꿈이다.

푹신하게 쌓인 흰 눈으로 안장을 하고
겨울바람을 고삐 삼아
오르락 내리락 능선을 타는 승마 산행
웃음이 절로 나니,
괜히 볼을 에이는 동장군이 뾜쭘하다.

연약한 철쭉 가지에 만발한
얼음꽃 숲 속 길 거닐며
바람과 구름과 함께
벌거벗은 자작나무 흰 속살
이름 모를 겨울나무의 검은 뼈도
원초의 숨소리 함께 나누나니,
풍운아여! 길을 잃어도 무슨 상관이랴!
사뿐사뿐 걷는 봄처녀 치마 깃에 이는
바람 소리나 귀 기울이려나.

저 멀리, 평화의 바다 건너오는 봄
이 모진 삭풍도 막지 못할 테니
하산하는 발걸음만 가벼운데
치열함을 잊은 고목에는
얼음꽃도 피우지 않는구나!
저 건너, 구름바다에 언뜻언뜻 보이는
고적한 섬 가운데
원래 짙푸른 소나무 더욱 돋쳐 푸르다.

들숨

3월의 서설이 휘날리자
더욱 고고하게 향기 가득
하얀 매화가 눈 속에 파묻혀 버릴 때에도
홍매는 외롭지 않다.

산비탈 뒤덮은 빠알간 동백이
떼를 이루어
지독하게 붉은 흑동백 되고자 할 때에도
백동백은 외롭지 않다.

집집마다 담장 너머로
하얀 목련이 순백의 교만을 피울 때에도
눈길 자욱 검은 핏빛
자목련은 외롭지 않다.

청둥오리 노니는 호수 밑 진흙 속
생명의 실핏줄 타고
분홍 가득 연꽃이 무리를 지을 때에도
백련은 외롭지 않다.

벽 속에 갇혀 있는
외롭지 않은 이들을 위해
고즈넉한 외로움 가득
크게 한번 날숨을 토한다.

길과 집 사이

당신의 거푸집에는
헤아릴 수 없는 별들이 빛나건만
익선동 어느 철물점 아저씨
몇 개의 별 손꼽아
양철 창틀 너머 그리움을 따라간다.
별이 길 위에 있었는지
그 아저씨가 길 위에 있었는지
이제 꼬부랑 할아버지가 되었다.
며느리가 안고 온 손주 재롱으로
그 할아범 이빨 빠진 웃음집을 짓고
한 평 남짓 철물점엔
이미 별빛이 가득하다.

돋보기 너머로 닳아진 책이 읽힐 때,
모든 길이 잡동사니 철물 속에 들어 있는지
낡은 경전 속에 들어 있는지
눈꺼풀 무거워지면 벌써 아침 안개가 걷힌다.
저 거창한 태양이 낮과 밤을 나누어
별 볼 일 있게 하여도, 저버린 해는
당신의 거푸집 속 조그만 별이라고
손주에게 엷은 미소로 속삭인다.
할아범 집과 손주의 집이 만나

수많은 별들을 포옹한다고
그래, 모든 별들은 어둠 한 꼭지
허공의 집터를 가지고 있을 뿐이지

온갖 가지 철물들 그 홀로 쓰임새 알아
하나하나의 사연들이 어여쁜 용도를 말하니
봄의 기도가 졸음과 함께 오더라도
구도의 길이 따로 있는가!
하찮은 못 하나도 제 몸 박혀
거푸집 속으로 영면의 의미 찾는데,
너부러져 있는 쪽방 철물점에
이름 모를 혜성 하나 포물선 긋나니,
길을 새로 내고자 하는지
제집으로 가고자 하는지
길과 집 사이 멍하니 바라보는
철물점 할아버지 눈가에 이슬이 젖는다.

이교도(異教徒)와의 사랑

이교도와 뜨거운 사랑을!
일상의 호흡으로
말없이 바라보기만 한다.
호흡과 결합의 존중 사이
너는 요런 자비로운 자유만 허락받았다.
말없이 바라보는 눈길에
우수가 넘쳐흘러도
아름다운 순교를 마주 보면
혁명은 없노라.
은은한 저녁종 소리에
엷은 미소를 띄운다.
순교의 빠알간 피가 아니라
너무 진하디진한 하얀 고독으로
감사의 기도 올린다.
이교도와 뜨거운 사랑을!
느끼지 못하는 중력만큼,
그 사랑이 사치가 아니라며,
오늘도 용서하는 사랑이길!
고마운 마음 듬뿍,
숨을 거칠게 내쉰다.

긴 머리 소녀

비가 올라, 비가 올라
비올라 선율에 가슴을 묻고
밤을 기다리는 긴 머리 소녀!
너무 뜨거운 열정에 벙어리 되어
창호문에 그림자로 울 뿐이라.
눈 먼 아이처럼, 귀 먼 아이처럼
노랫가락 속에만 틀어박혀
그리움 한 줄기 베어 내어
비가 온다. 비가 온다.
빗줄기 하나를 베어 내어
새벽의 여신에 맡기고
기억되지 않은 시를 남긴 채,
비가(悲歌)만 밤비에 젖는다.

수호천사

천하에 재수 없는 놈이 되지 않고자
발버둥쳤던 착한 사마리아 신사는
아침 햇살의 땅,
무당의 외손자였다.
해당화 꽃잎 적시는 봄비처럼 아늑하다며
성황당 길섶에서 사랑을 되뇌고 있었다.

신성모독을 내리치려는
큰 칼을 허리춤에 매고 있는 듯
비틀거리던 순례자도,
너무나도 미약한 기도를 탓하며
늘 근심으로 가득 찬 수도사도
점잖은 천재였다.

시나브로 짙어가는 성당 앞 느티나무 녹음 아래
고행의 열기가 쉷은 기원으로 아지랑이 피울 때,
평화로운 언덕처럼 배부른 여인의 미소에서
어깨를 틀어 수유하는 여인의 그윽한 눈길에서
수호천사는 쟈스민 향기를 피우고 있었다.

눈물이 많은 남자

아주 울지 않는 남자가 있었다.
아무리 슬픈 일도,
어떠한 고뇌도,
그를 울게 할 수는 없었다.
약간의 비굴함으로 누릴 수 있는
쾌락에 기대어 있었다.
일상이 그렇게도 단련시켜
울 겨를이 없었다.

너무 쉽게 우는 남자가 있었다.
슬픈 드라마를 보면서도 울고,
감동적인 사연에 접해서도 울고,
눈물이 많아서 그는 항상 건강했다.
평화는 언제나 눈물을 요구했다.
세상을 보듬기 위해
투쟁할 때
외로운 전사로서는 결코 울지 않았다.

보이지 않는 방황

사나운 빗줄기가 아직 푸른 땡감을 후려치는 오후,
한적한 인사동 길, 늘어 빠진 버드나무 조롱하듯
방금 우산 하나 총총히 걸어간다.
다시 퇴근길, 바쁜 발걸음들이 우산숲을 이루어
눈 곁에서 사라질 때,
어둠은 우산살을 타고 비가(悲歌) 된다.
그 어둠을 유쾌하게 감당하는 가로등 불빛 아래에서도
어느 깊은 산속 옹달샘처럼,
쌓여 있는 이슬방울 넘쳐 흘려
꿈쩍하지도 않는 바위도 부드럽게 쓰다듬고
그 틈새로 졸랑졸랑 따라가
제멋대로 방향을 틀더니
인사동 고적한 화랑에서 낙숫물이 된다.
눈꺼풀이 무거워지는 것도 모르고
그림 속 나무 한 그루에도 연정을 가득 품고
따스한 모과차 한 잔에 모락모락 산화되는
그리운 이의 숨결처럼
보이지 않는 방황이
가쁘게 피어오르고 있었다.

물망초

안드로메다 은하를 머리에 이고
별사탕처럼 아련한
연분홍 향기
나를 잊지 마세요.

기다림에 닳고 닳은 낯선 그리움이
쪽빛 하늘을 이룰 때
오직 그대를 위한 연가,
상처받은 혼백으로 남아도
나를 잊지 마세요.

수백만 년 별빛을 따라
초혼의 메아리도 있을 수 없는
머나먼 여정,
천마를 타고 올 것 같은 그대의 빈자리
그냥 이슬로 젖어들지라도
나를 잊지 마세요.

저 하늘에
아직 나의 정성이 닿지 않을 뿐
무더기로 피어나는 국화 뒤에 숨어
가냘픈 외침
나를 잊지 마세요!
출근길, 화단에 시선이 머문다.

주흘산 단풍

재를 넘고 넘던 선비들
꿈이 등짐이 될 줄 몰랐으리라.
재를 넘나들던 산새들
노래가 눈물인 줄 몰랐으리라.
기쁜 소식은 새재를 넘어
세월을 넘어
네가 품은 선홍빛 햇살로 머물렀으리라.

우뚝 솟은 산이 험하기도 하지
나그네의 혼잣말에
주목하라! 나를
그냥 흘겨보지 마라!
바위 뒤에 숨은 폭포도 가리키며
계곡길 따라 오르는 너는
나그네보다 항상 먼저 산마루에 오른다.

아무리 당당한 너의 기세도
이제 눈길에서 멀어질 수밖에 없나니,
빨리 오르던, 천천히 오르던
그저 남는 것은
아름다웠노라고 추억할 수 있는
만남의 연분뿐이었으리라.

곧바로 이별이 아쉬운 듯
석양이 하산 길 마중 나올 때
더욱더 뜨거운 너의 열정은
재 아래 물길 따라
나그네 가슴에 흐른다.

볼품 없는 전사의 세레나데

지워진 추억처럼
돌아갈 곳도 없고
전화할 곳도 없고

알 수 없는 너의 분노도
황당한 너의 표정도
무더기로 진 샛노란 은행잎에
쌓이는 빗물로
남모를 의미로 남으리
의미 없는 너의 침묵만 역사로 남으리
가로등 불빛 아래
저 별빛의 중력을 견디지 못하는
무거운 발길로 남으리
지친 몸뚱이 이끄는
새파란 혼백으로 남으리

한겨울 함박눈에 쌓이면
그뿐이랴!

사랑하는 그대 품도 그리울 거야!
초롱초롱 반짝이던 눈빛들도 그리울 거야!

시론(詩論)

그대의 삶은 몸으로 쓴 투쟁시이외다.
그대의 침묵은 사랑으로 숙성된 시이외다.
그대의 꿈은
지상에서 영원으로
절대 고독을 녹여 쓴 시일 거외다.
그대의 달콤한 소통은
시리고 아린 마음 부여안고
고통을 삭여 써
쓴 시이외다.
가장 아름다운 詩는
언제나 새로운 미학을 빚어내는
그대의 삶 자체일 거외다.
지금 여기에
순백한 영혼이 태워지고 있는 한

신촌찬가

그곳은 보이지 않는 무지개가 받쳐 있나니
헤아릴 수 없는 유혹!
여기서 생맥주 한 잔을 부어키지 않고
낭만을 노래하지 마라.
호수같이 청정한 학우의 눈망울에서
슬픔을 토하지 않고
사랑을 속삭이지 마라.
매캐하게 퍼져 있던 세월 너머에
그 함성 소리, 실핏줄 타고
뜨거운 심장의 박동으로 솟구칠 때,
여기서 소주 한 잔을 들이키지 않고
인생을 논하지 마라.

윤동주의 고뇌를 넘어
기형도의 우울을 넘어
오늘도 백양로를 포효하는
어느 무명시인의 방황을 넘어
이곳은 항상 선구자의 외침으로
새로운 철학이 발원하는 동방의 새터,
한글탑에 서리어 있는
평화의 세상을 넓히거늘
저항하는 젊은 꿈을 타고, 그대 비상하라.

그대가 참혹하게 고독할 때에도
저 별은 그대의 어깨 위에 빛나고 있나니,
축제는 이제 부끄럼 속에 있지 않노라.
그대, 해맑은 젊음으로 술잔을 부딪치며
아카라카 외쳐보라.
그 외침이 무거운 십자가 되어
여기서 억센 팔뚝으로 지탱한 밤,
연륜으로 풍화될지라도
아침 햇살이 교회당을 비껴 지나칠지라도
새터의 공기는 언제나 자유를 만드노라.

슬픔은 진화를 계속 중

연이은 비가
주룩주룩 내리던 날
연거푸 술잔만
비움의 철학을 익히고
꾸룩꾸룩 그리움이 땡기던 날
태풍의 잔해가 뒹굴던 사이에
도대체 그대가 누군지
보고 싶기도 하지!

발왕산에서

눈 덮인 숲 속 길
홀로 걷는 이는 외롭지 않다.
눈길을 내딛는 발걸음에
겨울바람 지워가며
산비탈 바로 윗자락에
노루 한 쌍 다정하다.
철쭉오름쉼터에서
오대산을 그리워한들 무엇하랴!

깔딱고개도
내려가기 위해 있는 것을
아무리 용트림을 하며
외줄에 매달려
비어 있는 자리만 안고 있는
곤돌라를 향해
정상에 오르더라도
한 톨이나 적멸(寂滅)의 씨앗이 되랴!

기인(奇人)과 시인 사이

산수유 꽃망울 봉글어 오를 때,
슬픔을 느끼는 자,
그 가지 꺾어서
생채기 속, 끝내 봄을 보겠다 한다.

쑥내음 가득한 강둑에서
바람에 흔들리는 들국화 새싹 하나,
이 찬란한 봄을 침묵한다고
뿌리째 뽑겠다고 한다.

여보게
칼바람이 뺨을 후려쳐도
풍류는 시가 아니라네.

어쭙잖은 시부렁이 모르지만
혼절하는 슬픔을 잊으려 하는 듯
봄 향기 듣기 위해 숨죽이는 나그네,

까치발을 들고 서서
힘줄 튀어나오듯 목을 늘여 빼고
울타리 너머로
목련 꽃망울 바라보며

고고한 선비마냥
창기화(娼妓花)라 탓하지 않네.

그 나그네, 소리 내 울고 있지 않지만
겨울바람의 울음소리를 용서하는
천진한 미소가 들리지 않는가
기어이 새봄이 온 것도 모르면서…

터트리는 노란 눈물자국의 꽃이파리처럼
서리를 향기로 녹이는 들국화처럼
거기에 아픔이 있었네.
거기에 역사가 있었네.
한 오라기 그리움이라도
기다림의 하얀 뼈를 묻어두는
슬픔인 것을!

안개비

안개비가 이렇게 무거운 걸 누가 알았으랴!
어정쩡이나마 알지도 못하면서
모든 것을 알고 있느냥
어정쩡 복 달아나는 줄 모른다.
그리움은 아지랑이처럼 피어오르고

그냥 사는 거야, 웃어봐
어! 맘에 안 들어
그냥 살아가는 거야, 눈을 감아봐
그래도 맘에 안 들어
그럼 살아내는 거야, 한번 울어봐
아직도 맘에 안 들어
조용히 감사의 기도 올려봐
그게 인생이라고

언제나 보여질 수 없는 당신,
쓰다가 지운 시처럼
그래도 제가 온 마음으로 보고 있다는 걸
점묘화로 그리네. 너무나 선명하게
안개비가 이렇게 무거운 걸 누가 알았으랴!

시인을 위한 건배

쓰여진 시는 거북스러워
쓰이지 않은 시를 간직한 채
죽어간 무명시인들의 영혼을 위해!
지화자!

시를 쓰지 않으려고 애쓰는 천재 시인들을 위해!
기억되지 않은 시들을 위해!
그래도 시를 쓰려 애쓰는 바보 시인들을 위해!
시리고 에이는 고독과 사랑의 시들을 위해!
아자! 아자!

넓이도 부피도 질량도 없는 영원의 나라!
거기서 튕겨 나온
그 차집합의 기억되는 시들을 위해!
시인의 다스온 눈물 한잔 기울이는
평화의 땔감을 태우면서,
아니, 말없이 건배……

사량도 지리산

지리망산에 올라
너를 그리워한다.
아무리 외쳐대도
너는 보이지 않고
바다만 고요하다.
모든 걸 잊게 하는
오, 눈부신 한려수도여!

옥녀봉에 올라
거슬리는 전설을 떨쳐 버리듯
읊조리는 가락에는
뜻 모를 서글픔만 가득
너는 보이지 않고
우거진 수풀 사이로
산딸기만 붉게 익어가고 있었다.
속절없이……

이제 떠나야 한다는
뱃고동소리 높아 가는데,
대항의 시원한 바닷바람이 날리는
소주야
푸른 유리병 속에 있으나

그리움에 애끓는
이 마음속에 있으나
무슨 상관이랴!

늦봄 갈무리

여름을 재촉하는 빗방울이
유리창을 온통 추상화로 갈겨 놓고 있다.

난해한 그림 감상을 마다하고
창문을 열어젖히니,
대롱대롱 걸리어 있는 보리수 열매,
촉촉하게 젖어도
빨갛게 익어가고 있다.
여기에 질세라,
앵두는 잎사귀에 숨은 채로
선홍빛 소리를 내고 있다.

얼씬거리는 잔상들 날려 보내고
오얏꽃 진지 언제인가 했더니,
어느새 능청스럽게
풋풋한 자두 알이 굵어가고 있다.

제2부

관조의 문법

신촌아리랑

새터의 골목마다 아리랑 아리랑
알만한 사람은 다 안다는
길모퉁이 주막에서
기생의 치마폭에 난초 꽃 그려 주던
세기말의 고독, 술잔 기울여
은둔의 꿈, 마셔버리던
나그네는 어데 간뇨.

환락의 초원, 풀섶마다 아리랑 아리랑
캠퍼스 잔디밭에선 도란도란
속 깊은 우정이
석류의 속살처럼 익어가고
시대를 풍미하던 논객과 밤을 낚는 초동,
세월 따라 주모들이 바뀌어도
그 맞잔술로 동이 트는 줄 모르더라.

청운의 꿈을 찾아 아리랑 아리랑
우연히 마주친 정다운 눈인사
청요리집 아해더냐, 슈샤인 보이더냐
웬 생맥줏집에
젊은 철학자들 그리 가득
호탕한 기상만큼 술잔이 마르지 않아

자유의 열정이 너무 뜨겁구나.

저마다의 사랑을 찾아 아리랑 아리랑
마주 보는 시선 사이 함박눈이 내리면
새터 골목을 누비는 풍류마저
낯익은 음악의 선율 따라 흐릿해지나니,
멋진 머스마, 어여쁜 가시나이
순정은 애상에 젖어도
해방의 섬은 그대로 남노라.

봄비

싱그런 연초록 봄비가 내린다.
말 못하는 앵무새의 눈물도
피를 토하는 귀촉도의 통한도
갸날픈 깃털 위에 적시는 씻김굿처럼
생명의 신비가 흘러내린다.
말 없는 강물 따라 흐른다.

간 밤에 혹독한 신열로
히포크라테스의 선서가 깨어져도
테미스의 저울이 기울어도
터무니없음의 비가(悲歌)를 탄핵하듯
거듭남의 신비가 흘러내린다.
미소의 햇살처럼 봄비가 내린다.

아버지의 기일(忌日)에
두 손 모은 기도의 전율처럼
꿈길에도 새싹을 돋우는
수수꽃다래의 향기를 싣고
신앙의 신비가 흘러내린다.
싱그런 연초록 봄비가 내린다.

프리지아

봄날도 무슨 대수롭겠느냐마는
새봄을 곱게 맞이할수록
근심은 깊게 패나 보다

새봄을 위해 너무 일찍 너를 맞이 했나
춘설의 시샘으로 너는 사그라지더이다.
가녀린 福壽草도 어엿하게 꽃 피었는데
주머니 없는 수의를 오려내듯 애달프게도!

새봄을 위해 엊그제 너를 다시 맞이했더니,
봄비 사나워 우박이 거친 바람 허리 잡고
또 사그라질까 마음이 저려온다.
기어코 봄은 이미 네 곁에 있건만

프리지아!
너의 부활을 위해
정을 쏟았던 이 나그네도
사니 살아지더라!
사니 살아지더라!

나의 기도문

— 진화와 혁명에 대한 성찰

(My Prayer : Reflections on Evolution and Revolution)

모든 이에게 평화를 주소서
저를 당신의 도구로 써주소서
모든 것을 당신의 뜻대로 하소서

초여름의 묵상

아직 떨떠름한 듯 시큼한
햇살구가 장터에 나올 무렵,
투쟁! 투쟁! 영원한 투쟁!
붉은 장미는 목청껏 외치듯,
그 열정을 다시 온 여름과 함께 나누며
담벼락에 기대어 줄기차게 피어나고 있었다.

메마른 장마로 얼굴을 씻은
푸른 하늘 아래,
우거진 포도나무 넝쿨을
가지치기하는 어느 수도사,
사랑! 사랑! 영원한 사랑!
언제나 그렇듯 기도하고 있었다.
평화의 상록수를 물끄러미 바라보지만
혹한을 견뎌낸 노송(老松)도 가뭄은 멀리 하나 보다.

장마와 戀詩

모과차 한 잔을 점심거리로 삼을 때,
귀천(歸天)을 본다.
장맛비가 쏟아진다.

사이와 사이의 사이

첼로 연주자가 색소폰 연주자에게 말했다.
활을 쓰지 않고 왜 힘들게 입으로 불어대느냐고
색소폰 연주자가 첼로 연주자에게 말했다.
숨결로 할 수 있는 걸 왜 힘들게 활로 켜느냐고

야구선수가 축구선수에게 말했다.
왜 손을 쓰지 않고 발길질로 운동하느냐고
축구선수가 야구선수에게 말했다.
왜 위험하게 방망이질로 운동하느냐고

흐트러짐과 가지런함 사이,
다름과 같음 사이,
자유와 평등 사이,
자연스러움과 우스꽝스러움 사이에
당신의 뜻으로 이어진
사랑하는 사이가 있다.

느껴야 할 사랑을 논리로 말할 때
그 사이는 굴절되나니.
참혹한 논리도 녹여내는 것이
어그야! 사랑이어라!

인생이란

어느 길 위에서든지
당신의 뜻이 이정표 되어
헤메고 헤메더라.

햇볕이 따스하든 말든,
별을 헤든 말든,
달빛이 교교하든 말든.

감꽃이 무던히도 지도만
감이 주렁주렁 열리듯,
그렇게도 풍성하게 달리던
살구가 어쩜 그렇게
올핸 딸랑 하나만 열리듯,
지난해엔 성이 차지 않던
대추나무에 그 작으마한 꽃들이
촘촘하게 대추를 잉태하듯.

어느 길 위에서든지
당신의 뜻이 이정표 되어
안식이고 평화이더라.

우애

자전거도 터벅터벅 무거워지는 황혼 무렵,
갈대의 숨소리 위에 앉아
하늬바람과 속삭임을 나누어 보노라
사랑하는 그대여
그대의 탄식을 풀어놓을 수 있나

음악 분수가 몸부림으로 요동칠 때,
음표는 가로등에 외로이 매달려 있노라
슬픈 가락 너머에
우두커니 떠 있는 반달이여!
본래 반쪽을 알지 못하지만
온전한 그대의 미소를 기억하고 있다네.

용기 있게 들숨 한 번 크게 해보세
헤아릴 수 없는 고뇌가
어둠살 되어 스물스물 덮쳐 오더라도
상처가 상처를 베는
아픔이 되더라도
누군가 그대를 위해 기도하고 있다네.

시월의 마지막 날에

시월의 마지막 날에 시를 쓴다.
침묵으로!
가슴속에 별을 간직한 채

시월의 마지막 날에 그리움을 쓴다.
묵상의 기도로!
삶에는 많은 숙제가 있다는 것을
잠시 잊고서

무창포의 석양

간밤의 파도소리도
바람이 머물다간 흔적처럼
꿈속의 자장가처럼
추억의 포말로 사라지리라!
그리움의 숨결로 남으리라!

석양을 마주하는 나그네 하나
석양을 등지고 있는 외로운 섬 하나
언제나 오늘은 내 인생의 가장 젊은 날!

비릿한 갯바람에 하얀 입김을 날리면
새벽은 또 다시 항구를 품 안에 안고
백사장 맞은편 산마루 해송 가지에
어느덧 아침해 걸리어 있네.

언제나 오늘은 내 인생의 가장 젊은 날!
새벽별 바라보는 안갯속의 열정이라도
누군가의 석양으로 사라지리라!
무창포의 사랑으로 남으리라!

겨울 속으로

안국동에서 배어 나오는 근심
벌거벗은 느티나무에
매달아 놓고
겨울 속으로,
그림 안으로 눈길을 돌려
은둔하여도
소실되지 아니한다.
새 한 마리도 날지 않는 정적!
눈 덮인 숲에는
살가운 인기척도 없다.
겨울 속으로,
창밖에서 서성거리는 삭풍!
그림 틀 밖으로 발길을 옮겨도
겨울 속으로,
마냥 겨울 길을 따라 걷다가
아름다운 만남이 분명히 있겠지!
저 산너머까지 이어져 있을,
눈 덮인 철로를 따라
소독되는 나의 우울!

빨간 먼지

얼어버린 땅 위에
탯줄을 끊어 생명을 품을 때에도
그 고통은 따스하다.
강추위가 그리움을 삼켜버릴 때에도
마지막 한 줄기 햇살마저
한 톨의 먼지로 돌아갈지라도
그 온기는 온전하다.
나그네처럼 머물다 갈 빨간 먼지라도
그 사랑이 연금술사의 집착이 아니라는 걸
저 별빛은 밝히고 있기 때문이다.
뜻 모를 숨 막히는 고뇌로 버거워 할 때에도
어느 곳엔가, 이 삭막한 겨울밤에도
이름 모를 수도사들이 기도하고 있기 때문이다.
그대가 투덜대는 먼지의 가벼움도
황토로 빚어낸 영원한 안식이기 때문이다.
낯설기만 하였던 삶의 완성이기 때문이다.

그대에게

무거운 어깨에
하얀 비둘기를 태우고자
허우적거리는 나그네여!
세월이 익어 갈수록
삶이 낯설게 다가올 때,

열정으로 동녘 하늘을 태워
새벽을 깨우는
오월의 태양을 보라!

줄기차게 뜨거운 순정을 터뜨리며
한낮의 열기를 관조하는
오월의 장미를 보라!

잃어버린다는 것의 아픔도
잃어버린다는 것의 슬픔도
분자의 햇살처럼
분모의 바람처럼
본시 나누어질 수도 없어라
어이하랴! 사랑할 일만 남을진대!

우정

호밀대처럼 쑥쑥 자라듯
빗줄기가 물구나무서고
길잃은 나그네는
마냥 걷고 있다.
도반도 없어 외로울 텐데,
빗줄기 사이사이 희미한 추억 속으로
미소를 머금으며
묵은지 고등어찜에 담겨진
걸쭉한 우정을 그리워하고 있다.
오늘도 그는 우산을 지팡이 삼아 걸으며
비를 맞고 있다.

상사화

푸릇 푸릇한 육신이 먼지처럼 사그라져
세월의 두께를 이룰 때,
삼베 빛깔로 인연의 가닥을 놓지 않고
그대는 영혼의 꽃을 피우리라!

청초한 수줍음 가득 담고
알몸으로 그리움을 사르면서
거듭남을 증거하고
아예 슬픔의 회로가 있을 수 없는
고고한 순환의 여로에 우뚝 서리라!

난초의 꿈

생의 예찬과 사의 찬미,
그냥 웃어넘기고
기도와 투쟁 사이
순교와 혁명 사이
점점 좁아드는 폭을 바라보며
가녀린 잎새 위에
그만의 사랑을 누인다.

앉아 있는 화분의 적막을 넘어
수평선 저 너머에 시간의 길을 내고파
모진 생명의 뿌리에만 기대어 서서
더 이상 할애될 수 없는 꿈을
우두커니 바라보며
순명의 눈물방울 하나로
그만의 향기를 피운다.

진혼제

슬퍼하지 마라!
이 땅의 억울한 원혼들에 대해
어떻게 슬퍼할 거냐
눈물을 흘리지 마라!
이 땅에 살아있는 이의 업보를
어떻게 감당할 거냐
금강석이 잿가루 되도록
너 자신을 혁명하라!
그래도 슬퍼하거늘
진혼의 향을 피워 올려라
세월도 슬퍼하거늘
진혼곡을 침묵으로 불러라
그래도 진정 슬퍼하거늘
슬픔을 느낄 수 있는
모든 영혼의 여력을 떨쳐
이 땅의 산천초목에게 선포하라!
저 하늘의 일월성신에게 선포하라!
"세상의 평화를 주소서"
혁명의 기도를 올려라!
혁명은 위령의 축제이어라!
혁명은 또 다른 순교의 축제이어라!

방황에 대하여

책이란
사람이 엮어낸 아름다운 흔적이리라
꽃이란
자연이 가꾸어낸 아름다운 생명이리라
사람이란
당신께서 흙으로 빚어낸 아름다운 꽃이리라

흙에서 왔으니 흙으로 돌아가거늘
이 아름다운 세상에
책과 꽃 사이를 비집고 떨쳐 나와
어찌 또약볕을 쥐어짜는가!
석류꽃이 주렁주렁 바람에 매달리듯
그대는 어찌 그렇게 무던히도 방황하는가!

밤꽃도 서릿발처럼 피우고
감자꽃도 허연 포말처럼 뿌려지는
하지의 태양 아래
한 손으로 책을 던지고, 다른 손으로 꽃을 던지며
온갖 서글픔을 뒤집어쓴 채로,
이 날숨으로 토해내는 하루살이 나그넷길에
그대는 어찌 그렇게 무던히도 방황하는가!

인사동에 비

인사동에 비가 사선(死線)으로 내린다.
아직도 살아 있다는 게 부끄럽다는 듯
지붕 위에 비둘기들이 옹기종기 모여 앉아
비를 맞고 있다.
아직 살아 있다는
즐거운 사람들을 바라보고 있나
누군가 비둘기들이 처연하다고 바라보고 있나
빗줄기만 사선을 긋고 있다.
귀천(歸天)의 모과 차 한 잔이 그립다.

푸른 하늘을 그리워하며

하늘과 저 산이 맞닿은
사람의 자취에
고독의 핏방울이 떨구어질 때,
저 산 밑의 백합 꽃술에 황톳빛 눈물이 흐른다.
희미하게 져가던 새벽별이 시가 된다.
시가 빗물에 젖는다.

저녁놀도 지고만 지금,
잿빛 슬픔의 조각들이
회색 구름 위에서 떠돌다
곤두박질하듯,
고통스러운 어둠을 뚫고 장맛비만 쏟아진다.
푸른 하늘을 그리워하며!

사랑

당신의 다스온 품 안에서 숨 쉬는 자유!
당신의 넓은 가슴속에 안기는 평화!

멀리서 기적소리 아련한데,
새벽 빗소리마저 머나 멀리 사위어 가는데,
번개처럼 각인되는 외마디 연가!
마지막 호흡으로 일구는 아름다운 기도!
무지개 다리로 이어진 영원의 기다림!

미인송(美人松)

만주 벌판을 흔드는 말발굽 소리에
다져진 몸매로
두 갈래 강물의 거친 포말을 내려다본다.
북방의 살을 에는 추위도
네 얼굴에 주름살 남기지 못한다.

푸른 하늘을 우러러보며
세상의 평화를 꿈꾸는 격조 높은 네 자대에
동양평화를 짊어진 장부가의 의기가 투합하니
곱디고운 너는 홀로라도 결코 외롭지 않다.

굳이 기개 높은 역사를 말하지 않으면서도
너는 100년 후 남녘 땅의 사람들을
은은한 미소로 품에 안고 서 있나니,
이승의 미련 한 가닥 남게 된다면
내 무덤가에서 너를 반기고 싶다.

백두산에 올라

정축년에 백두산에 오르다.
그리고 아무 말도 할 수 없었었다.
기축년에 백두산에 다시 오르다.
이제야 사랑의 문법을 펼치려니,
철없이 내리는 빗속에 천지는 보이지 아니한다.
오늘이 후광의 국장 날이구나!
사선의 빗줄기 사이에도
여전히 만주 벌판에서
해바라기는 무더기로 피어 있었다.

지천명(知天命)

아마 그럴 거야
슬픔에게 온화한 미소를 보내는 것
무상(無常)에게 옥수수 알갱이처럼
씹을수록 맛을 나게 하는 것
기다림에 익숙해지는 것
그리워할 수 있다는 것에 대하여
늘 감사하는 것,
그리고 기도하는 것
방황이여 안녕!
아마 이럴 거야

복령이생(復靈以生)

너무나도 태연한 가을 햇살 아래
슬픔이 분노가 되지 않도록 기도한다.
아직 살아 있다는
더 큰 상처를 보듬으며!

독도, 깊은 바다에 침전되어 있는
이름 모를 산호의 뼛가루가
진주를 영혼으로 길러내 듯,

울림이 마땅히 운율이 되고
외침이 마땅히 법도가 되기를!
세상의 모든 수도사들을 위하여
연가를 읊는다.

들국화마저 지고 나면

쪼그만 감국 꽃들이 떼거지를 이루어
죽을 둥 살 둥 골목길을 향기로 막고 있다.
아직 살아 있다는 뜻을 알리기 위해
몸부림치며 저항하듯……
순례길의 들국화마저 지고 나면
겨울잠을 자고 싶다.
꿈속의 겨울 속으로……

생명의 터가
동토 속의 어둠이건
양수 속의 어둠이건
빛의 통로가 있기 마련일 텐데……
기다림의 뿌리 속에 박혀 있는 모세혈관이건
그리움의 오아시스로 엮은 탯줄이건

눈물을 쏟아 낼 정도로
아무리 가을을 새겨낸 이파리들이
저 붉은 노을과 현란하게 어우릴지라도
겨울잠 속의 어둠은
또 다른 생명을 잉태할 것이다.
살아감은 순례의 길로,
살아냄은 순교의 길로……

가냘픈 한 떨기 들국화마저 지고 나면
두 손 모은 기도로 쓰러진 채로
겨울잠을 자고 싶다.
함박웃음으로 함박눈을 맞으며!
자유와 구원의 미로를 따라
꿈속의 겨울 속으로……

관조의 문법

누군가 그리워하고 있다는 건
아직 숨을 쉬고 있다는 것

무언가 취해 있다는 건
숨은 멈추게 된다는 걸 잊고 있다는 것

그래도 웃을 수 있다는 건
들숨과 날숨을 초월할 수 있다는 것

무언가 침묵의 기도를 올린다는 건
초인(超人)의 숨결이 바람으로 산화되는 것!

버스 정류장에서

올가을 마감 빗소리가
새로운 겨울 재촉하며
초혼(招魂)의 강으로 흐른다.
시간을 잊은 채.

지팡이를 딛고
절뚝거리는 아낙에 팔짱을 끼고
백발의 노인이 우산을 함께 쓰며
겨울맞이 풍경을 그린다.

일요일에도 일터에 나가는
어느 남정네가
타고 갈 버스를 그냥 보내며
추억 속의 도반(道伴)과 동행한다.

소주 한잔의 길

눈이 내리고 있네!
가지 않은 길이건
지금 걷고 있는 길이건
누군가는 걸어가는 길인 것을!

낯선 길을 홀로 걷는다고 하여도
안갯속을 헤집으며
없던 길을 걷더라도
세상의 짐을 혼자 짊어질 수는 없다네!

길가에 서서

거짓말 나무가
끝없는 가지치기로 웃자라
바벨탑보다 높게 푸른 하늘을 할퀴더라도
결코 저 대지 위에 무지개를 그려 낼 수 없다네!

길 위에 서서

바람의 정거장에는 말 자체가 없다네!
사람들이 스쳐 지나가는 슬픔의 흔적들!
온몸으로 울어도

흙먼지로 남겨질 뿐!

길 끝에 서서

누구나 마지막 한 잔을 비우지 못하듯
마지막 한 걸음 내딛지 못하는 것을!
새로운 길은 수평선 너머에도 있다네!
그 누군가가 또 걷게 되는 영원의 길일세!

황두승 시, 사상과 감정의 통합기법

石蘭史 이수화
문학박사, 문학평론가, 한국문협 · 한국펜클럽 명예부이사장, 시인

1

황두승 시인의 시(詩)는 아름답다. 존재론적(存在論的) 혁명(革命, revolution)을 꿈꾸고 있기 때문이다. 그가 꿈꾸는 존재 혁명의 미학(美學)에는 우수(憂愁)의 빛이 감돈다. 그는 혁명에 의한, 존재 미학에 대한 시를 주로 형상화하지만, 황두승 시가 우리와 소통(疏通)하는 바는 눈물겨운 혁명적 감성이 형상화시키는 미학이며, 인간 존재의 근원적 우수의 형상이다. 그의 이번 제2시집 『나의 기도문 - 진화와 혁명에 대한 성찰』의 대표적 텍스트 「지천명(知天命)」은 시적 주체의 50년간 스스로를 견지해온 유자적(孺子的) 존재론의 아름다움이 자못 여

유롭게 시(詩)의 미학을 거두고 있다.

아마 그럴 거야
슬픔에게 온화한 미소를 보내는 것
무상(無常)에게 옥수수 알갱이처럼
씹을수록 맛을 나게 하는 것
기다림에 익숙해지는 것
그리워할 수 있다는 것에 대하여
늘 감사하는 것,
그리고 기도하는 것
방황이여 안녕!
아마 이럴 거야

—「지천명(知天命)」 전문

10행 단련(單聯)의 소네트 형식에 독백체 가락으로 공자(孔子)가 말한 인생론(나이 50세면 하늘의 뜻을 알아야 함)인 '지천명'의 존재론을 형상화하고 있다. 인간 숙명의 시한적 존재론에 가(加)하는 독백자(시적 주체)의 삶, 혁명에 관한 예단이 암시되고 있는 것이다. 텍스트의 첫 라인과 후말 라인에 수미상관(首尾相關)을 이룬 '아마 그럴 거야'라는 기획된 어조(語調)가 유자의 순천명적(順天命的) 안존(安存)의 인생관을 혁신하고자 하는 화자(시적 주체)의 존재론적 혁명 정서(꿈)를 강조, 암시한다고 본다. 혁명(revolution)은 진화(evolution)을 가져올 수도 있으므로 그것을 꿈꾸는 시는 황두승 시의 기도(꿈꾸기)일 터이다. 인간 존재론(꿈꾸기 혁명)에 대한 이와 같은 아름다운 혁명 지향성(志向性)은 시에 대한 황두승 시인의 어프로치를 드러내주며, 또한 인생론(관)의 태도를 결정해 준다. 시를 쓴다함은 존재론적 미학을 창출하는 것이며, 존재가 아름다워야 하는 그의 미학정신은 그로 하여금 포에지(시정신, 詩精神)의 혁명적 지향성에 채찍을 가하는 우수의 정조(情操)가 되곤 한다.

가령,

"혁명가들은 어떤 거창한 존재가 아니다. 평범한 일상생활 속에서도 풍부한 상상력을 바탕으로 기존의 타성으로부터 아주 조금만 달리 생각하여도 그런 사람은 혁명가적 기질을 보유하고 있다고 볼 수 있다. 조금 달리 생각하는 계기가 그렇게 쉽게 발견되지 아니한다. 자유로운 정신을 전제로 하지 않는다면 몇백 년, 몇만 년 걸리기도 한다. 일탈이 아니라 정통을 추구하기 위하여 코페르니쿠스적 전환을 꿈꾸는 자, 그대가 바로 혁명가이니라"(제1시집 『혁명가들에게 고(告)함』, 2005, 도서출판 천우, 서문 중에서)

—에 극명하게 드러나 있듯, 황두승 시의 혁명 정서는 저 앞 예시(例詩) 「지천명(知天命)」의 정통 추구의 시정신에 다름 아닌 것임을 우리는 이로써 확인한 것이다. 이 확인된 바의 진화와 혁명에 대한 성찰, 즉 '황두승 기도문' 으로서의 시의 세계 탐색, 그 자세한 면을 본장(本章)으로 넘어가 주목해야 하겠다.

2

이번에 제2시집으로 상재되는 황두승 시집 『나의 기도문 - 진화와 혁명에 대한 성찰』은 총 61편으로, 시집 총량은 시인으로서도 적정량의 창작 평균 수량이겠고, 독자도 시집 한 권의 집중된 독서량으로서 적정량일 터이다. 평설자로서는 재독, 삼독한 워딩본이었는데, 시집 총체적 테마의 흡인력(혁명, revolution이란 제재가 주는 삼엄성)에 이끌려 전체 인텍스트성에 압도당했으나, 논지에 따라 「지천명(知天命)」 「느티나무의 대화예찬」 「눈물이 많은 남자」 「장마와 戀詩」 「겨울 속으로」 「난초의 꿈」 「사이와 사이의 사이」 「시론(詩論)」 「미인송(美人松)」 「복령이생(復靈以生)」 등에 관심이 집중되었다.

전장(前章)에서 이미 밝혔듯, 황두승 시의 존재론적 혁명 정서, 사상(思想)은 정파적, 이념적 행동주의가 아닌 정통적 자연주의에 기반한 순리순명론(順理順命論) (「지천명(知天命)」)의 미학을 추구한다. 이제 그러한 텍스트를 구체적으로 들여다본다. 과연 황두승 시, 그 삶에 대한 혁명적 어프로치의 존재론적 우수성은 어디로부터 비롯되는 것인가.

너무나도 태연한 가을 햇살 아래
슬픔이 분노가 되지 않도록 기도한다.
아직 살아 있다는
더 큰 상처를 보듬으며!

독도, 깊은 바다에 침전되어 있는
이름 모를 산호의 뼛가루가
진주를 영혼으로 길러내 듯,

울림이 마땅히 운율이 되고
외침이 마땅히 법도가 되기를!
세상의 모든 수도사들을 위하여
연가를 읊는다.

—「복령이생(復靈以生)」 전문

—에서 시적화자는 가을 양광(陽光)의 '태연성'에 슬픈 상처를 보듬으며 분노를 기도로 다스린다는 것이다. 여기 '가을 양광의 태연성'이란 무엇인가, 또 왜 그것 때문에 슬픈 상처이고 분노이며 기도인가.

가을 양광은 황두승과 같은 이상주의(理想主義), 즉 존재론적 혁명 정서의 소유자들에게는 시한부성(時限附性)의 자연(시간) 현상이다. 아직 시인이 꿈꾸는 혁명도 이루어지기 전에 가을도 그렇고, 양광도 그렇게 태연히 스러져가고 겨울이, 밤이 또 오고마는 것이다. 이래서 가을 '조락(凋落)'은 슬픔이고 우수(憂愁)이며, 따라서 분노가 저절로 치밀 터인 것이다. 그러므로 아직 살아 있다는 것이 더 큰 상처이겠고, 그렇지만 혁명가(시적 주체)는 절망하지 않고 상처를 보듬어 안는다. '조락'이라는 자연현상을 영혼의 소멸 아닌 복령(復靈)으로 인식해야 하는 주체(가톨릭 신자)가 절망한다는 것은 곧 그 교리에 위배된다는 것이기 때문이다. 그래서 마침내 시적 주체는 부활을 믿고, 운율의 노래를, 존재론적 혁명의 연가를 읊는 것이다. 이처럼 혁명 사상(思想)이라는 시니피엥(기표, 記表)과 감정(感情, 진화된 삶의 확보의지)이 통합된 감수성의 형상화(미학화, 美學化) 기법은 엘리어트의 전가의 보도격

이거니와, 이는 결코 범상한 시짓기 솜씨가 아니다. 이 점만으로도 황두승 시의 진화는 이번 제2시집으로써 거뜬히 그의 (제1시집에서의)리리시즘을 넘어 모더니스트 대열에 진입했음을 과시한다 하겠다. 이제 그 여러 예시(例示)를 텍스트마다 행두 넘버를 달아 병렬, 일별해 보고자 한다.

① 느껴야 할 사랑을 논리로 말할 때
그 사이는 굴절되나니.
참혹한 논리도 녹여내는 것이
어긔야! 사랑이어라!

② 아주 울지 않는 남자가 있었다.
아무리 슬픈 일도,
어떠한 고뇌도,
그를 울게 할 수는 없었다.
약간의 비굴함으로 누릴 수 있는
쾌락에 기대어 있었다.
일상이 그렇게도 단련시켜
울 겨를이 없었다.

너무 쉽게 우는 남자가 있었다.
슬픈 드라마를 보면서도 울고,
감동적인 사연에 접해서도 울고,

눈물이 많아서 그는 항상 건강했다.
평화는 언제나 눈물을 요구했다.
세상을 보듬기 위해
투쟁할 때
외로운 전사로서는 결코 울지 않았다.

③ 생의 예찬과 사의 찬미,
그냥 웃어넘기고
기도와 투쟁 사이
순교와 혁명 사이
점점 좁아드는 폭을 바라보며
가녀린 잎새 위에
그만의 사랑을 누인다.

앉아 있는 화분의 적막을 넘어
수평선 저 너머에 시간의 길을 내고파
모진 생명의 뿌리에만 기대어 서서
더 이상 할애될 수 없는 꿈을
우두커니 바라보며
순명의 눈물방울 하나로
그만의 향기를 피운다.

예시 ①은 「사이와 사이의 사이」의 최종 연이고, ②는 「눈물이 많은 남자」 전문, ③은 「난초의 꿈」

전문이다.

①의 경우 황두승 시의 「시론(詩論)」이라는 텍스트도 있는 바, 인용시 ①은 그의 시창작 방법론의 일단이라 해도 과언이 아닐 터이다. 앞서 황두승 시의 모더니즘 방법을 거론함에 있어서 예시 「복령이생(復靈以生)」의 엘리어트식 사상(思想)과 감정(感情)의 통합된 감수성 이론(理論)을 거론했거니와, 여기 예시 ①은 그와 같은 기법을 시로써 실천하고 있는 것이 특색이다. "느껴야 할 사랑을 논리로 말할 때 / 그 사이는 굴절되나니"라는 언술은 감정을 논리로 말할 때의 사태가 어떤 것인지에 대한 이른바 엘리어트의 이성(理性)과 감정(感情)의 비통합(非統合) 사태(결과)를 인식하고 있다는 증좌일 터이다. 그리고 사랑이라는 감정이야 말로 엘리어트가 현대시란, 장미의 향기처럼 직접 코에 스미도록 써야 한다고 할 때의 그 '이론' 및 '감정'이 통합되어진 감수성을 말하고 있는 것이다. 황두승 모더니즘시론 실천형의 대표적인 예일 터이다.

②는 ①의 엘리어트식 통합된 감수성 이론의 실천에 요긴한 객관적 상관물(客觀的 相關物, objective correlative)로서의 '사랑' 대신 '눈물'을 메타 텍스트에만 취급했지, 텍스트 내용에서는 사용치 않았다. 따라서 ②는 모더니즘 시이기 이전에 설명(관념)이 앞서는 서술시에 머물고 말았다.

그럼에도 이 시가 감동을 주는 바는 1연의 쾌락에 젖은 일상과 2연의 '눈물을 요구하는 평화'의 선험적 아포리즘이 매우 독창적이기까지 한 때문이겠다.

③의 경우 '난초'라는 객관적 상관물, 또는 시적 대상에 대한 주체의 감수성이 가감없이 형상화된, 이른바 통합된 감수성 이론의 소산이다. 까닭에 '난초'라는 객관적 상관물을 통한 황두승 시의 이상주의(理想主義) 포에지는 난초의 고결성을 눈에 보이듯, 코에 스미듯 형상해 놓는 놀라운 미학 솜씨를 드러내 보이고 있는 것이다. 그래서,

모과차 한잔을 점심거리로 삼을 때,
귀천(歸天)을 본다.
장맛비가 쏟아진다.

—「장마와 戀詩」 전문

—과 같은 은유시(隱喩詩)의 절창(絕唱) 한 수를 뽑아낼 수 있었을 터이다. 그렇다는 바는 먼저 이 시의 메타 텍스트 「장마와 戀詩」에 의문이 앞서는, 그 의문 야기부터가 그렇지 않을 수 없다. 텍스트 내용 속에 '장맛비'가 있으니 제목의 '장마'라는 이미지는 납득이 간다. 그런데 왜 내용에도, 어디

에도 '戀詩' 라는 코드나 이미지가 없는데, 제목에만 '戀詩' 란 기표가 따라 붙었을까. 진상 파악이 쉽지 않은 메타포어가 아닌가 한다. 1행처럼 점심도 굶고, 2행처럼 죽음을 떠올릴 만큼의 애절무비(哀絕無比)의 화자 생각은 무엇일 수 있겠는가. 게다가 장맛비가 쏟아지니 미상불(未嘗不) 인간의 정서는 연심(戀心) 쯤 싹틀 수 있어서, 그런 시(詩)가 바로 이 절묘한 황두승 시, 「장마와 戀詩」 같은 은유시가 창출되는 것이다. 이와 같이 '장맛비' 라는 객관적 상관물이 싣고 오는 연심(戀心)의 암시(暗示) 또는 은유(隱喩) 기법은 슈퍼비니언스(隨伴, supervenience) 방법 또는 앙리 베르그송의 물리주의(物理主義)와 관련되지만, 황두승 시의 저러한 실체는 전향적(前向的)으로 전개될 지평에서 상론할 수 있는 문제이겠다. 이 대목에서 문득 가슴을 치는 바는 예시 「장마와 戀詩」같이 촌철살인적(寸鐵殺人的) 시(詩)가 주는 선시풍(禪詩風)의 아우라(aura)를 수용한 미학이다. 이것 저것 따지고, 분석하지 않고, 그냥 읽어서 즉각 말할 수 없는 희열에 휩싸이는 것이다. 그런데,

만주 벌판을 흔드는 말발굽 소리에
다져진 몸매로
두 갈래 강물의 거친 포말을 내려다본다.

북방의 살을 에는 추위도
네 얼굴에 주름살 남기지 못한다.

푸른 하늘을 우러러보며
세상의 평화를 꿈꾸는 격조 높은 네 자태에
동양평화를 짊어진 장부가의 의기가 투합하니
곱디고운 너는 홀로라도 결코 외롭지 않다.

굳이 기개 높은 역사를 말하지 않으면서도
너는 100년 후 남녘 땅의 사람들을
은은한 미소로 품에 안고 서 있나니,
이승의 미련 한 가닥 남게 된다면
내 무덤가에서 너를 반기고 싶다.

—「미인송(美人松)」 전문

—에 보이는 시적 주체의 포에지(시정신, 詩精神)은 추호의 혁명적 길항(拮抗) 요소적 낌새가 없음에도 안중근(安重根) 의사의 그것인 양, 혁명적 기개가 느껴짐은 무슨 까닭인가. 그것은 특히,

이승의 미련 한 가닥 남게 된다면
내 무덤가에서 너를 반기고 싶다.

—에 분명히 드러나 보이듯, 황두승 시의 영생주의(永生主義) 진화를 예단하는 존재론의 혁명적 성찰이 그의 시정신에 깊이 뿌리내리고 있기 때문일 터이다. 이와 같은 그의 포에지(시정신, 詩精神)에 어거(馭車)되는 삼엄한 언어행위(修辭學, rhetoric)에 의한 아름다운 인문학적(人文學的) 미학 창출은 결국 우리의 삶이 떠안고 가는 전향적(前向的) 진화와 혁명에 대한 성찰임에 틀림없다. 이러한 성찰로서의 그(황두승 시인)의 시가 곧 그의 기도문에 다름 아니란 사실은 더욱 중요하다. 그렇기로 우리의 황두승 시인과 같은 인문 정신의 진화(evolution)와 혁명(revolution)론자는 그 성찰(reflections)의 정신적 조형물이 곧 시이며, 그것은 시인의 기도문(prayer)에 다름 아닌 까닭이다. 그의 기도문이,

모든 이에게 평화를 주소서
저를 당신의 도구로 써주소서
모든 것을 당신의 뜻대로 하소서

—와 같이 거룩하고도 삼엄한 자아 성찰의 규율로써 빚어지고 있음이 저러한 증좌일 터이다. 그것은 영혼과 육신의 자유가 구속된 그 어떤 진화도, 혁명의 길항(拮抗)에도 굴치 않겠다는 시인의 결연한 포에지의 선언처럼 들리기도 한다. 만에 하나,

시인의 신앙의 도그마(教理)와 포에지(시정신, 詩精神)가 길항(拮抗)하는 접점에 시인이 처한다면, 그것은 거듭 말해 황두승 시의 삼엄성의 미학에 의해 절묘한 통섭(通涉)의 길로써 통하리라 본다.

(2010, 봄이 오는 한강 삼개나루 수당헌(樹堂軒)에서,
석란사(石蘭史) 씀)

문학세계대표작가선 597

나의 기도문 – 진화와 혁명에 대한 성찰

황두승 제2시집

인쇄 1판 1쇄 2010년 4월 23일
발행 1판 1쇄 2010년 4월 28일

지 은 이 : 황두승
펴 낸 이 : 金天雨
펴 낸 곳 : (주)천우미디어그룹/도서출판 天雨
등 록 : 1992. 2. 15. 제1-1307호
주 소 : 서울시 성동구 하왕십리동 966-23 금룡빌딩 2F
전 화 : 02)2298-7661
팩 스 : 02)2298-7665
http://www.moonhaknet.com
E-mail : ing@moonhaknet.com

값 10,000원

ISBN 978-89-7954-445-9